Le Livre des Synonymes

FRENCH

Thesaurus for Children

Harriet Wittels and Joan Greisman
Translated by Yvonne Touzet-Rall

All inquiries should be addressed to:
Barron's Educational Series, Inc.
250 Wireless Boulevard
Hauppauge, NY 11788
http://www.barronseduc.com

International Standard Book Number 0-7641-0896-4
Library of Congress Catalog Card Number 98-74246

Printed in the United States of America

9 8 7 6 5 4 3 2

Présentation

Devinette: Qu'est-ce qui ressemble à Brontosaures, mais qui se trouve sur une étagère dans une bibliothèque à côté des dictionnaires, et non pas dans un musée d'histoire naturelle ?

Réponse: Un thesaurus, bien sûr ! Un thesaurus est un dictionnaire qui nous donne des synonymes—des mots qui ont presque le même sens; et des antonymes—des mots qui ont un sens contraire. Ce livre vous permettra de vous servir de nouveaux mots intéressants et exacts, en plus de ceux que vous connaissez déjà. Vous le trouverez très utile, commode, et facile à utiliser. C'est son but.

USAGES DU THESAURUS

Entrées

Dans ce dictionnaire, les mots que nous appelons « **entrées** » ont des synonymes et des antonymes, ou contraires. Ces mots sont classés par ordre alphabétique et imprimés en lettres grasses, comme par exemple:

> **abattu** déprimé, triste, découragé
> **abdomen** ventre, estomac
> **accuser** attaquer, blâmer

A présent, cherchez sous la lettre « A » le mot qui se trouve juste avant « **accident** ». (La réponse est ? « **accepter** »). Maintenant, regardez sous la lettre « B » le mot qui se trouve juste après « **bref** ».

(C'est « **brider** »). Et sous la lettre « C » entre quel mots trouverez-vous « **content** »? (La réponse est ? « **contenir** » et « **continuer** »).

Mots Guides

Les deux mots en lettres grasses, au haut de la page, sont les « **mots guides** » ce qui vent dire qu'ils indiquent la première et dernière entrée sur chaque page. Ces mots vous « guideront » à trouver les mots entre les deux. Voici un exemple: Si les mots guides sont « **accueillir** » et « **adorer** », vous trouverez le mot « **actuel** » sur cette même page. Mais vous ne trouverez pas le mot « **agiter** » sur cette page-là. Chercher maintenant le mot « **décider** ». Quels seront les deux mots guides au haut de la page ? (La réponse est ? « **dangereux** » et « **déclaration** »).

Synonymes

Les **synonymes** sont des mots qui le même sens ou presque. Voici des groupes de synonymes:

> **narration** conte, histoire
> **nation** état, pays

En général, on peut substituer un synonyme dans une phrase:

> **désobéissant** dissipé, indiscipliné, espiègle, mauvais

> Cet enfant est *désobéissant*
> Cet enfant est *dissipé*
> Cet enfant est *indiscipliné*
> Cet enfant est *espiègle*
> Cet enfant est *mauvais*

Mais parfois, on ne peut pas changer un synonyme pour un autre, comme dans l'exemple suivant:

partie compétition, concours, rencontre

Aujourd'hui, nous avons *une partie* de tennis
Aujourd'hui, nous avons *un concours* de mathématiques
Aujourd'hui, nous avons *une rencontre* chez des amis

Vous savez que vous ne pouvez pas dire que « aujourd'hui, nous avons une rencontre de mathématiques ».

Quand vous cherchez un mot dans ce dictionnaire, vous découvrirez que tous les synonymes ne sont pas appropriés dans la phrase choisie et il vous faudra faire attention de choisir le bon mot.

Antonymes

Le mot qui a un sens contraire à celui des entrées que vous cherchez est un **antonyme**. Vous le trouverez en lettres majuscules à la fin des groupes de synonymes:

injurier blesser, insulter, offenser FLATTER
léger délicat, fragile LOURD

Voici un exemple:

Elle n'aime pas les cheveux *courts*, alors ils sont *longs*.

Le mot « **courts** » est l'antonyme, ou contraire, de « **longs** ».

Maintenant, à votre tour ! Cherchez une entrée en lettres grasses, et trouvez l'antonyme, (ou contraire), pour compléter les phrases suivantes :

Cendrillon était **attrayante** mais ses demi-sœurs étaient

_____.

Il est plus facile de **décharger** que de _____ la voiture.

Entrées ayant plus d'un sens

Certaines entrées, comme « **valable** », ont plus d'un sens. « **Valable** » peut vouloir dire « **cher** », « **dispendieux** », « **couteux** », mais aussi « **aimé** » et « **chéri** ». C' est pourquoi vous trouverez des numéros pour indiquer les groupes différents de synonymes.

Alors voilà ! Vous venez d'apprendre comment vous servir de ce dictionnaire ! Facile et amusant ! Regardez les pages suivantes, inventez vos propres phrases et jouez avec les synonymes et antonymes (ou contraires) ! Vous améliorerez votre vocabulaire et vous ferez des progrès en lecture, écriture et même dans votre conversation de tous les jours.

Le Livre des Synonymes et Antonymes

Thesaurus for Children

abandonner déserter, laisser, quitter, s'en aller CONTINUER, RESTER

abasourdi choqué, ébahi, étonné, stupéfié

abattu déprimé, triste, découragé

abdomen ventre, estomac

abrupt brusque, direct, précipité, soudain AIMABLE, PLAT

absent lointain, manquant, par PRESENT

absorber avaler, boire, prendre, imprégner rejeter

absurde incroyable, stupide, ridicule RAISONNABLE

abuser exagérer, exploiter, maltraiter

accentuer appuyer sur, souligner IGNORER

accepter adopter, approuver, consentir à REFUSER

accident aventure, collision, hasard

accomplir achever, faire, finir, réaliser

accord 1. concorde, entente, pacte, traité, transaction DIVISION 2. contrat, entente, harmonie, pacte

accorder attribuer, concéder, donner, présenter

abattu

accord

accumuler

acteur

adhérer

accueillir recevoir

accumuler amasser, assembler, collectionner, grouper DISPERSER

accuser attaquer, blâmer

acheter acquérir, faire des courses, faire des emplettes

achever accomplir, arrêter, cesser, conclure, finir COMMENCER

acquérir acheter

acteur artiste, comédien

actif diligent, efficace, énergique, vif, vivant PASSIF, PARESSEUX

actuel moderne, nouveau, réel, vrai

adéquat approprie, satisfaisant, suffisant INSUFFISANT

adhérer attacher, coller, joindre, lier

admettre 1. accepter, confesser NIER 2. recevoir REFUSER

administrer diriger, gérer, gouverner

admirer apprécier, louer, respecter

adolescent(e) jeune homme, jeune fille

adorer aimer, bénir, chérir, glorifier, louer DETESTER, HAIR

adroit bricoleur, commode, habile INEPTE

adulte grande personne, majeur, mûr, responsable ENFANT, JEUNE

advenir arriver, avoir lieu

adversaire antagoniste, concurrent, rival

affairé diligent, occupé OISIF

affaire 1. chose, circonstance, évènement 2. commerce, problème

affection amitié, amour, intérêt, tendresse

affolé agité, anxieux, nerveux, trouble CALME

affréter louer

affreux

affreux atroce, effroyable, horrible, terrible BEAU, AGREABLE

affronter faire face, rencontrer

agacer déranger, ennuyer, fâcher, irriter, provoquer

âgé

âgé vieux JEUNE

agir animer, jouer, se conduire

agiter mêler, remuer, secouer

agonie angoisse, souffrance

agrafe attache, joint, trombone

agiter

aide assistance, soutien, secours

aîné

alerte

allonger (s')

aigre acerbe, amer, âpre AGREABLE, DOUX, SUCRE

aimable gentil, plein d'égards, prévenant

ami camarade, compagnon

aîné plus âgé, plus ancien CADET, JEUNE

aire étendue, région, section, surface, territoire, zone

ajouter additionner, joindre SOUSTRAIRE, RETIRER

ajuster accommoder, établir, réparer CASSER, BRISER

alarmer alerter, apeurer, effrayer, faire peur APAISER, CALMER

alentour district, quartier, voisinage

alerte agile, éveillé, rapide PASSIF

alibi excuse, histoire

aliment nourriture, nutrition

allocation indemnité, ration

allonger étendre, prolonger RACCOURCIR

allonger (s') s'étirer

allure cadence, rythme, vitesse

altier grand, élevé, haut BAS

amalgamer absorber, combiner, fuser, joindre, mélanger

amasser accumuler, amonceler, entasser

améliorer agrandir DIMINUER

amender améliorer, changer, corriger

ami camarade, compagnon ENNEMI, RIVAL

ample adéquat, plein, suffisant

amusant drôle, comique

ancien âgé, vieux, démodé MODERNE, NOUVEAU

ancrer attacher, fixer

âne baudet, bourrique

animal bête, créature

animateur assistant, moniteur

annoncer faire savoir, proclamer, publier, promouvoir

annuler décommander, biffer, effacer, rayer

anormal bizarre, étrange, rare NORMAL

antichambre entrée, salle d'attente

antique vieux MODERNE

anxieux nerveux CALME

apathique inerte, indolent, lent, mou VIF

ancien

anormal

anxieux

aplatir

appeler

arbitre

aplatir écraser

apparent clair, évident, simple FLOU

apparition fantôme, spectre, vision

appeler 1. crier, hurler 2. téléphoner

apporter emmener, livrer, porter, prendre

apprécier admirer, aimer, estimer, respecter
MEPRISER

appréhensif anxieux

appréhension angoisse, anxiété, nervosité, peur

apprendre 1. découvrir, trouver 2. s'instruire

apprivoisé domestiqué, obéissant SAUVAGE

approprié convenable, propre

approximativement approchant, environ, presque

aptitude capacité, compétence, talent
INAPTITUDE

arbitre médiateur

argument dispute, querelle

argumenter discuter, disputer ETRE D'ACCORD

aride sec MOUILLE, HUMIDE

armer équiper, fortifier DESARMER

arôme odeur, parfum

arracher 1. attraper, saisir, prendre LAISSER
2. tirer

arranger classifier, organiser, mettre en ordre
DERANGER

arrêter 1. appréhender, capturer, saisir
2. cesser, interrompre

arrière derrière

arriver atteindre, parvenir, venir PARTIR

arroser irriguer, mouiller

article 1. histoire, rapport, rubrique 2. chose,
objet

assaisonner épicer

assassiner massacre, tuer

assaut attaque

assembler grouper, mettre ensemble, réunir
SEPARER

assister aider, secourir, soutenir EMPECHER

assister à aller voir, être présent

assoiffé altéré, avoir soif, aride, sec

assommer cogner, frapper, heurter

assorti différent, mélangé, plusieurs, varié

arracher

arrêter

assoiffé

assujettir

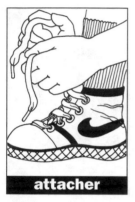

attacher

attraper

assortir arranger, classer, organiser

assujettir contraindre, forcer, soumettre

astiquer laver, nettoyer

astucieux adroit, alerte, habile, rusé MALADROIT

athlétique sportif

atroce affreux, horrible, terrible

attacher amarrer, ancrer, fortifier, lier, nouer, joindre DETACHER, DENOUER

attaquer bombarder, charger, envahir PROTEGER

attelage équipe

attention considération, soin

attirer plaire, séduire REPOUSSER

attraper arrêter, capturer, saisir

attrayant plaisant, séduisant REPUGNANT

attroupement horde, foule, populace

aube aurore, lever du soleil

auberge cabaret, hôtel, pension de famille, restaurant

audacieux brave, casse-cou, courageux, hardi, héroïque PEUREUX, TIMIDE

augmenter améliorer, accroître DIMINUER

auprès de à côté de, près de

aurore aube, lever du soleil, petit matin, point du jour SOIR

aussi encore, une autre fois

auteur écrivain

autographe signature

automne arrière-saison, été indien

autoriser accorder, permettre DEFENDRE, REFUSER

autoroute grande route

avancer accélérer, continuer, marcher, progresser RECULER

avant 1. autrefois, plus tôt APRES 2. devant ARRIERE, DERRIERE

avantageux salutaire, utile NOCIF

averse inondation, pluie torrentielle

avertir alerter, aviser, dire, informer, faire savoir, prévenir

aveugle mal voyant

aviser alerter, avertir, prévenir, conseiller, diriger, recommander, suggérer

aurore

autoroute

aviser

balancer

balayer

bagage sac, valise

balance équilibre, réglé

balancer équilibrer, stabiliser

balayer nettoyer

bande 1. groupe, équipe, foule 2. pansement, ruban

bandit brigand, voleur, voyou

banquet fête, festin

bar buvette, café

barbouiller 1. maculer, tacher, salir 2. étendre, enduire

barrage barricade

barrer bloquer, exclure

bas base, fondation HAUT

bassin arsenal, dock

bataille combat, conflit, guerre, lutte

bâtir créer, construire, établir DEMOLIR

battre 1. défaire, gagner, surpasser 2. frapper, cogner, heurter

beau attrayant, joli, ravissant LAID

bébé enfant, nourrisson ADULTE, GRANDE PERSONNE

bégayer balbutier, bredouiller

bénin doux, calme, modéré APRE, DUR

bénir glorifier, louer, remercier MAUDIRE

bercer balancer

besogne corvée, devoir, obligation, travail

besoin manque

bête animal, créature

bidon boîte en fer blanc, récipient

bienséant agréable, bon, gentil, plaisant
DEPLAISANT

bijou joyau, pierre précieuse, trésor

billet 1. reçu, ticket 2. lettre, note

bizarre angoissant, effrayant, mystérieux
FAMILIER

blâmer accuser, condamner, punir EXCUSER

blanc néant, vide PLEIN

blessure injure, mal, peine

bluffer décevoir, tromper

boîte coffre, caisse, carton, récipient

bon agréable, approprié, correct, favorable,
valide MAUVAIS

bondir jaillir, sauter

bercer

besogne

boîte

bosquet

branche

brave

bord bordure, lisière

bordure limite

bosquet bois, forêt

boucan bruit, tintamarre, vacarme

bouclier défense, sauvegarde

boue crottin, gadoue, saleté

bouillant ardent, brûlant, chaud FROID

bouleverser agacer, énerver, fâcher

bourrer entasser, fourrer, remplir

bousculer bouter, pousser, refouler

bout fin

bouton attache

boxer lutter, s'entraîner

branche pousse, rameau

braquer diriger, indiquer, montrer

brasser broyer, mélanger, pulvériser

brave audacieux, courageux, hardi, héroïque
COUARD, LACHE

bredouiller bégayer, balbutier

bref 1. abrégé, court, petit 2. concis, succinct
LONG

brider empêcher, freiner, restreindre

brillant 1. ensoleillé, joyeux, vivant TRISTE, SOMBRE 2. alerte, intelligent

briller rayonner, étinceler

brouhaha bruit, confusion, tintamarre, tumulte, vacarme SILENCE

brouiller confondre, mélanger

brouillon 1. ébauche, esquisse, plan 2. confus, désordonné

broyer écraser

bruine averse, crachin, gouttes, pluie fine SOLEIL

brûlant bouillant, chaud

brûler calciner, flamber

brûlure flamme, feu, incendie

brumeux couvert, nuageux CLAIR

bruyant agité, turbulent CALME, TRANQUILLE

buée brume, vapeur

buffet armoire, meuble

bulletin lettre circulaire, message, nouvelle, avis

bureau 1. agence, cabinet, travail 2. écritoire, pupitre, table

but cible, objectif

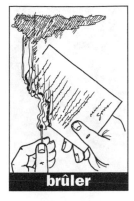

brûler

buffet

bureau

cabane

cadeau

cabane hutte

cacher camoufler, dissimuler, couvrir, masquer REVELER

cacher (se) (se) dérober

cacheter fermer, sceller

cadeau don, étrenne, présent

cadre bordure

cahoteux rugueux

calamité difficulté

calculer ajouter, compter, estimer

calepin bloc note, cahier

calligraphie écriture

calme paisible, serein, tranquille AGITE, ENERVANTE, ANXIEUX

camarade ami, compagnon, copain

cambrioler dérober, dévaliser, voler

camouflage déguisement

campagne 1. cause, croisade, opération 2. champ, nature, pays, terre

candidat aspirant

cantine buvette, café, restaurant

capituler abandonner, renoncer, se rendre

caprice colère, rage

capricieux changeant, fantasque, lunatique, maussade RAISONNABLE

captivant fascinant, inouï, spectaculaire FADE

capturer attraper, prendre, saisir LIBERER

caractère disposition, nature, personnalité, tempérament

caresser câliner

caricature farce, parodie, satire

carnaval fête

casser 1. craquer, fracturer, rompre REPARER
2. arrêter, interrompre

cataloguer assortir, classer, grouper, organiser

catastrophe calamité, désastre, tragédie

causerie bavardage, conversation, discussion, entretien

cautériser brûler, désinfecter

céder abandonner, sacrifier

célébration fête

célébrer 1. commémorer, fêter, observer
2. s'amuser, se réjouir

centre axe, milieu, noyau

capturer

caricature

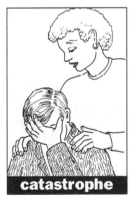

catastrophe

champion

chanter

charmé

cercle association, clique, groupe

cesser achever, arrêter, conclure, quitter CONTINUER, POURSUIVRE

chahuteur bagarreur, désobéissant

chaise banc, fauteuil, siège, tabouret

champ campagne, prairie, pré, terrain

champion gagnant, joueur, meilleur, vainqueur

chance 1. occasion, opportunité MALCHANCE 2. possibilité, succès 3. hasard, destin, destinée

chanceux heureux MALCHANCEUX

changer altérer, corriger, modifier, varier

chanter entonner, fredonner

chapitre division, section, partie

chargement pile, tas

charmant agréable, aimable, attachant, plaisant, ravissant ODIEUX

charmé content, heureux, satisfait DECU

chasser courir après, poursuivre

chatoyer briller, iriser, luire, rayonner

chauve dénudé, sans cheveux POILU

chenil niche, terrier

chercher   fouiller, fureter, quérir

chevaleresque   brave, courageux, héroïque, noble, stoïque   LACHE

chiche   pingre   GENEREUX

choc   étonnement, surprise

choisir   élire, opter, préférer, vouloir   REJETER

choquant   absurde, incroyable, scandaleux

chute   affaissement, débâcle, décadence, déclin, dépréciation, descente, plongeon

cible   but, objet

cicatrice   balafre, blessure, marque

cimetière   champ des morts

circonférence   cercle, circuit, révolution

circuler   parcourir, courir, se hâter, se dépêcher

ciseau   burin

cité   commune, métropole, municipalité, ville

citer   invoquer, répéter

clair   étincelant, pur, vivant   TERNE

clameur   boucan, brouhaha, bruit, chahut, cri, tapage   TRANQUILLITE

claquer   clore, fermer

classement   note, rang

chercher

choquant

cicatrice

clé

clouer

collectionneuse

clé outil

clef 1. clé, évidence, indice 2. note, ton

client acheteur, usager

climat temps

clore barrer, barricader, bloquer, fermer OUVRIR

clôture barrière, mur

clouer attacher, fixer

code loi, règle

coffre boîte, caisse

cogner gifler, heurter, frapper

colis baluchon, paquet, envoi

collaborer coopérer, soutenir, travailler ensemble

collectionneur amateur, explorateur

colle poisse

colossal énorme, gigantesque, immense MINUSCULE

combattre attaquer, lutter, se battre

combiner joindre, mélanger, unir SEPARER

combler bourrer, emplir, remplir VIDER

comique amusant, drôle, humoriste, risible

comité groupe, commission, conseil

commander diriger, ordonner, instruire

commenter discuter, parler

commérage bavardage, bruit, rumeur

commission besogne, course, service

commode facile, pratique, utile INCOMMODE

commun familier, moyen, normal, ordinaire, régulier EXTRAORDINAIRE

communauté société

communiquer dialoguer, dire à, informer, parler à, prendre contact

compagnie 1. corporation, entreprise, firme 2. invités, du monde, visiteurs

compagnon ami, copain

comparer assortir, contraster, vérifier

complet achevé, entier, rempli

compléter achever, conclure, finir DEBUTER

compliment hommage, louange, salutations INSULTE

compliqué confus, dur, difficile, embrouillé SIMPLE

complot conspiration

composition dissertation, essai

commérage

compagnon

compliqué

concert

conduire

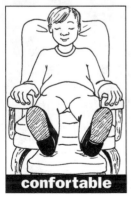

confortable

compte-rendu histoire, rapport, récit, explication

concert spectacle, festival, récital

conciliateur arbitre, médiateur

concours combat, compétition, épreuve, lutte

condamné coupable INNOCENT

condition cas, circonstance, état, situation

conduire amener, commander, diriger, guider, mener, faire marcher

confiance acceptation, croyance MEFIANCE

confiant assuré, certain, sûr de soi DOUTEUX

confondre malaxer, mélanger, mêler CLARIFIER

confortable à l'aise, content, satisfait INCONFORTABLE, MAL A L'AISE

confus étourdi

confusion clameur, tapage, tumulte ORDRE

congédier renvoyer

conquérir remporter la victoire, vaincre PERDRE

consentir accepter, approuver, être d'accord, permettre, vouloir bien REFUSER

conserver   garder, préserver   GACHER, GASPILLER

considérer   estimer, étudier, évaluer, examiner

consoler   réassurer, réconforter

consommer   absorber, dîner, dévorer, manger

constamment   continuellement, invariablement, toujours

construire   assembler, bâtir, créer, fabriquer

conte   histoire, narration

contempler   fixer, observer, regarder, voir

contenir   entourer, limiter

content   heureux, satisfait   MALHEUREUX

continuer   maintenir, persister, prolonger
ARRETER, CESSER

contraindre   forcer

contravention   amende

contrecarrer   contrarier, fâcher, ennuyer, irriter   AIDER

contrefait   copié, faux, imité

contribuer   allouer, donner, partager, présenter

contrit   coupable, honteux

contrôler   réprimer, restreindre, surveiller, vérifier

conte

consoler

content

convaincre

conversation

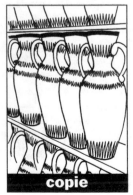

copie

contusion blessure, bleu, meurtrissure

convaincre influencer, persuader

convenable nettoyé, propre NEGLIGE, SALE

conversation bavardage, causerie, dialogue, discussion, échange, entretien

converser bavarder, discuter, parler

convertir changer, transformer

copain ami, camarade, compagnon, partenaire ENNEMI, RIVAL

copie exemplaire, modèle

copier imiter, répéter, reproduire

corde amarre, câble, fil, ficelle

correspondre communiquer avec, écrire

corridor chemin couvert, couloir, passage

corrigé 1. approprié, convenable, exact 2. amélioré

corvée besogne, devoir, obligation, travail

cotisation coût, prix

couleur peinture, teinte

couleuvre serpent, vipère

coupable fautif, condamnable, punissable INNOCENT

couper faucher, hacher, tailler, tondre, trancher

courant 1. actuel, nouveau, présent 2. cours d'eau

courbe boucle, méandre, tournant, serpentin

courir aller au petit trot, aller vite, cavaler, filer, se précipiter

couronne ornement

courrier correspondance, envoi, lettre, paquet

course 1. circuit, cours, parcours, voie 2. compétition

courtois gracieux, poli GROSSIER, IMPOLI, RUSTRE

coussin oreiller, polochon

couteau épée, lame, poignard

coûteux bonne qualité, cher, dispendieux, onéreux BON MARCHE

coutume façon, habitude, manière, pratique, tradition, usage

couver 1. éclore, produire 2. choyer, protéger

couvercle revêtement

couvert nuageux, sombre, triste CLAIR

couverture 1. protection 2. dissimulation

couper

courir

course

couvrir

crasseux

creuser

couvrir 1. abriter, cacher, dissimuler
2. garnir, revêtir

craquer briser, casser, fissurer, fracturer

crasseux sale, malpropre

creuser bêcher, cultiver, extraire, fouiller,
percer, piocher REMPLIR

crevaison perforation

criard bruyant, retentissant

crime brigandage, faute, infraction, péché,
mal PROUESSE

criminel délinquant, malfaiteur

crochet croc, pression

croire 1. considérer, imaginer, penser, supposer 2. accepter DOUTER

croître 1. cultiver, grandir, pousser 2. vieillir

croquis dessin, tracé

cru naturel CUIT

cruel brutal, dur, insensible, méchant, pénible
BON, GENTIL

cueillir choisir, ramasser, récolter

cure guérison, remède

curieux indiscret, original

dangereux imprudent, mauvais, périlleux, risqué SUR

date échéance, rendez-vous

déballer décharger EMBALLER

débandade affolement, panique

débarquer arriver, mettre à terre, atterrir

débat délibération, discussion, dispute

debout vertical

débraillé négligé, sale NET, PROPRE

débuter commencer, lancer ARRETER, FINIR

décamper filer, partir, s'enfuir

décent convenable, correct, honnête, propre INCONVENANT

décevoir abuser, duper, tricher, tromper

décharger délivrer, retirer CHARGER

déchet détritus, ordure, résidu

déchiré abîmé, coupé, détruit

déchirer couper, arracher

décider déterminer, juger, prononcer, résoudre

déclaration affirmation, communiqué, discours, exposé, rapport

dangereux

déclaration

décorer

découvrir

défilé

déclarer annoncer, dire, établir, exclamer, exprimer, relater

déclencher commencer, débuter, mettre en marche, lancer

décorer embellir, garnir, orner

découper ciseler, couper, graver, tailler

découvrir exposer, montrer, révéler, trouver CACHER

décrire caractériser, définir, raconter

déduire 1. retirer, soustraire AJOUTER
2. conclure

défaire dénouer FAIRE

défendre 1. abriter, aider, intercéder, plaider, protéger ACCUSER, ATTAQUER 2. barrer, empêcher, interdire PERMETTRE

défi gageure

défilé exhibition, parade, revue

définir décider, fixer

déformer altérer, changer, défigurer, gâter, mutiler CORRIGER

dégourdi adroit, agile, apte, capable, ingénieux MALADROIT

dégoûté écœuré, offensé, révolté

dégringoler culbuter, faire une chute, tomber

délaissé abandonné, isolé, seul

délibéré à dessein, exprès ACCIDENTEL

délicieux appétissant, bon goût, excellent
MAUVAIS

délinquant criminel, indiscipliné, voyou

demander s'informer, se renseigner REPONDRE

demeurer rester

démissionner quitter, partir, renoncer

démolir briser, détruire, fracasser CONSTRUIRE,
RESTAURER

démon diable, mauvais génie, Lucifer,
monstre, Satan DIEU

démoniaque cruel, mauvais, méchant, vicieux
ANGELIQUE

démonstration exhibition, présentation

démonter démolir, détruire RESTAURER

démontrer exhiber, illustrer, montrer, prouver

dénicher découvrir, trouver

dénommé nom, prénom

dénouement conclusion, fin, résolution,
résultat

délicieux

délinquant

démolir

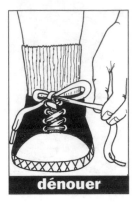

dénouer

dernier

derrière

dénouer délacer, délier, détacher

dénudé nu, découvert COUVERT

dépêcher (se) aller vite, se hâter, se presser

dépendre compter sur

dépenser rétribuer ECONOMISER

dépister chasser, chercher, poursuivre

dépit malveillance, méchanceté

déplacer égarer, perdre

déplier étendre

déployer améliorer, amplifier, développer, étendre, grandir REDUIRE

déposer arranger, laisser, mettre, placer
RETIRER

dépouiller dénuder, enlever

déprimé abattu, découragé, triste, malheureux, désesperé CONTENT

déraisonnable absurde, excessif, ridicule
RAISONNABLE

déranger agacer, irriter, provoquer

déraper glisser

dernier fin, final, passé PREMIER

derrière après, arrière, plus tard DEVANT

déserter abandonner, laisser, quitter RESTER, DEMEURER

désespéré abandonné, éperdu, délaissé, malheureux

déshabiller (se) se dévêtir S'HABILLER, SE VETIR

designer nommer

désirer souhaiter, vouloir

désobéissant dissipé, indiscipliné, espiègle, mauvais OBEISSANT, BON

désobligeant déplaisant, désagréable, offensif, nocif, nuisible PLAISANT, AGREABLE

dessin image, portrait, schéma, sketch

dessiner créer, concevoir, tracer

destination but, objectif, fin

désuet ancien, démodé, disparu, pittoresque, vieux MODERNE

détaché mou, sans liaison

détachement équipe, groupe

détacher séparer JOINDRE, LIER

détail article, point

détecter apprendre, découvrir, révéler, trouver

déterminer décider, résoudre

désobéissant

dessiner

destination

détester

dévergondé

diable

détester haïr, mépriser

détritus déchet, ordure

dévaliser cambrioler, dérober, voler

développer amplifier, avancer, exploiter

dévergondé effronté, honteux

deviner calculer, estimer, imaginer, juger

devoir besogne, obligation, responsabilité, service, travail

dévotion 1. affection, amour 2. dévouement, loyauté

diable démon, génie, monstre

diagramme dessin, grille, schéma, sketch, tracé

différent autre, distinct, divergent, divers, dissemblable SEMBLABLE

différer 1. argumenter, se brouiller, se quereller, se disputer ETRE D'ACCORD 2. détenir, empêcher, remettre à plus tard, retarder

difficile compliqué, dur FACILE

difficulté dilemme, problème

digne convenable, distingué, honnête

diminuer amoindrir, couper, écourter, réduire
AGRANDIR

diplômé avoir son diplôme

direct clair, droit

dirigeant directeur, employeur, patron, surveillant, chef d'équipe

diriger commander, guider, indiquer, signaler, surveiller

discipline châtiment, correction, ordre, punition DESORDRE

discipliner

discipliner corriger, gronder, punir

discorde conflit, difficulté, dispute ACCORD

discuter argumenter, arguer, débattre

disgrâce embarras, gêne, honte, scandale
GLOIRE, HONNEUR

discuter

disparaître s'évanouir APPARAITRE

disponible inoccupé, libre, vide OCCUPE,
PRIS

dispute argument, dispute, querelle

dissipé indiscipliné, turbulent RANGE

dissoudre dégeler, fondre

distant loin PRES

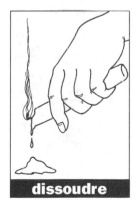

dissoudre

distingué

document

donner

distinct clair, compréhensible, défini, évident, exact

distinction marque, signature, signe

distingué célèbre, digne, élégant, éminent, fameux, honoré, raffiné

distribuer allouer, donner, disperser
COLLECTIONNER

divertissant amusant, drôle, fascinant, intéressant, ravissant ENNUYEUX

diviser séparer UNIR

divorce désunion, rupture, séparation
MARIAGE

docile doux, malléable, plaisant DESOBEISSANT

docteur médecin

document certificat, écrit, papiers nécessaires, pièce, titre

dodu gras, potelé, rondelet

dommage avarie, dégât, préjudice, tort

donnée data, information

donner attribuer, distribuer PRENDRE

dormir se reposer

dose quantité, portion

douillet　à l'aise, bien au chaud, confortable

douleur　mal, irritation, peine

douteux　imprévisible, incertain　CERTAIN

dramatiser　produire

drapeau　bannière, étendard

drogue　1. médicament, remède　2. narcotique

drôle　amusant, humoristique, risible

duper　décevoir, tromper

dynamique　actif, assuré, alerte, énergique, intense　FAIBLE, PASSIF

drôle

dynamique

ébauche croquis, dessin, esquisse

éblouissant aveuglant, brillant, étincelant MORNE, TERNE

ébouillanter brûler

échanger troquer

échantillon modèle, essai, exemple

écho résonner, répercuter, retentir

échouer faire mal REUSSIR

éclaircir clarifier, justifier EMBROUILLER, CONFONDRE

éclipse

éclatant choquant, éblouissant TERNE

éclipse absence, disparition, ombre

écolier élève, étudiant

économe frugal GASPILLEUR

écorcher égratigner, rayer

écraser briser, broyer, casser, fracasser

éditer corriger, préparer, rédiger, réviser

éduquer apprendre à, enseigner, former, guider, instruire

éduquer

effectuer accomplir, exécuter, faire

effets affaires, équipement

effort application, concentration, peine, travail REPOS

effrayé apeuré, alarmé, affolé, anxieux, peureux TRANQUILLE

égal pareil, semblable

également aussi, en plus

égaré perdu

église cathédrale, chapelle, temple

égoïste avare, avide, personnel, possessif GENEREUX

égoutter couler

élargir agrandir, amplifier DIMINUER, REDUIRE

élastique flexible, extensible, souple DUR, RIGIDE

élégant 1. poli, raffiné COMMUN, VULGAIRE 2. beau, bien fait, gracieux 3. à la mode, chic, soigné DEMODE, NEGLIGE

élémentaire débutant, fondamental, primaire AVANCE

élève écolier, étudiant, collégien

élever hausser, hisser ABAISSER

éliminer exclure, jeter, rejeter ACCEPTER

effrayé

égaré

église

embrasser

empreinte

enfant

élucider éclairer, expliquer

embaucher engager

embrasser donner un baiser, étreindre, serrer dans ses bras

embrouiller confondre, mélanger, mêler SEPARER

émeute mutinerie, révolte, soulèvement

émotion sentiment

empêcher barrer, retenir PERMETTRE

employer accepter CONGEDIER

empoigner attraper, saisir

empreinte marque, pas

en aller (s') partir

encerclé entouré, clôturé, contenu, renfermé OUVERT

encombrant gros, volumineux PETIT

encourageant favorable

encourager aider, inciter, inspirer, soutenir, stimuler DECOURAGER

énergie force, puissance, vigueur, vitalité

énervement agacement

enfant gosse, môme, jeune ADULTE

enfoncer clouer, pousser

enfuir (s')　partir, s'échapper

engouffrer　engloutir, absorber, avaler, dévorer

engourdi　amorphe, prostré, transis

énigme　mystère, problème puzzle

enjoué　animé, gai, vif TRISTE

ennuyé　fâché, irrité

ennuyeux　fade, plat INTERESSANT

enragé　ennuyé, fâché, furieux CALME

enregistrer　1. enrôler, joindre, signer
2. écrire, inscrire, noter

enseigner　apprendre à, éduquer, entraîner,
former, guider

ensoleillé　agréable, beau, brillant, lumineux
MAUVAIS, NUAGEUX, SOMBRE

ensorcelant　attrayant, beau, charmant,
éblouissant LAID, REPUGNANT

entaille　balafre, coupure, lacération

entasser　1. assembler, rassembler EPARPILLER
2. bourrer, emballer, remplir VIDER

entendre　ouïr, prêter l'oreille

enterrer　cacher, couvrir DETERRER

enthousiaste　vif, ardent

ennuyé

enregistrer

enseigner

entraînement

entraîneur

épuisé

entier complet, total PARTIAL

entourage environ, région, voisinage

entraînement exercice, pratique

entraîner former, encourager, enseigner, préparer

entraîneur instructeur, répétiteur

entre parmi

envahir attaquer, absorber, empiéter, prendre

envelopper encercler, entourer

envieux jaloux

environ à peu près, presque EXACTEMENT, PRECIS

épais large, lourd MINCE

épanouir développer, fleurir, faire mûrir

épicer assaisonner

éplucher peler, vider, enlever

épouse compagnon, femme

épouser se marier, s'unir

épouvanter alarmer, effrayer, terroriser

époux compagnon, mari

épuisé affaibli, éreinté, fatigué, fourbu, tari ENERGIQUE, REPOSE

équipe bande, groupe, troupe

équiper outiller, fournir

ériger bâtir, construire, édifier, élever, installer
DEMANTELER

errer vagabonder, voyager sans but

escalader grimper, monter DESCENDRE

esclavage captivité

escorter accompagner, chaperonner, veiller sur

escroquer dérober, voler, tromper

espérer anticiper, attendre, souhaiter

espiègle diable, joueur, malicieux SERIEUX

esprit 1. humour, intelligence 2. âme, idée, opinion

essai épreuve, test

essayer expérimenter, s'efforcer, tâcher de, tenter de

essentiel crucial, fondamental, important, nécessaire, primordial SUPERFLU

esseulé seul, solitaire

estomac abdomen, ventre

établir 1. créer, fonder, organiser 2. dire, décrire, raconter

ériger

escalader

essayer

étirer (s')

étudiante

examen

étage niveau

éteindre écraser, étouffer ALLUMER

étendre étirer

étiquette 1. cérémonie, manières, protocole, règles de conduite, savoir 2. écriteau

étirer (s') s'allonger

étoffe tissu

étoile 1. attraction, vedette 2. astre

étonnant surprenant

étrangler étouffer, suffoquer

étreindre embrasser, se blottir, serrer dans les bras

étudiante collégienne, élève, écolière

évaporer disparaître, s'évanouir

éventuellement à temps, finalement

évidé creux, vide

éviter dépister, ruser, s'esquiver

exact correct, parfait, juste, sûr FAUX, VAGUE

exactement précisément

exagérer agrandir, ajouter, amplifier, grossir MINIMISER

examen épreuve, test

examiner 1. étudier, inspecter, observer
2. questionner, tester

excellent très bon, splendide, superbe
INFERIEUR

excepté sauf

exceptionnel extraordinaire, notable, rare,
remarquable ORDINAIRE

excité ardent, intéressé

excursion promenade, randonnée, sortie,
voyage

excuse 1. alibi, motif, raison 2. absolution,
pardon BLAME

exemple échantillon, modèle, type

exiger commander, dominer, ordonner

exigu minime, minuscule, petit AMPLE, GRAND

exiler déporter, expulser

expédition exploration, mission, pèlerinage,
voyage

expliquer clarifier, décrire, simplifier

exploit coup, tour de force

explorer chercher, sonder

exploser détruire, faire sauter

excursion

exiger

expédition

explosion

extraordinaire

explosion détonation, éclatement

express rapidement, vite LENTEMENT

exprimer 1. déclarer, dire, mentionner, s'exclamer 2. ressentir

expulser refuser, rejeter ACCEPTER

exquis beau, éblouissant, frappant, magnifique, ravissant LAID

exterminer éliminer, détruire, tuer, massacrer

extra additionnel, supplémentaire, plus

extraordinaire mémorable, particulier, rare ORDINAIRE

extrême exagéré, extraordinaire, extravagant MODERE

fable conte, histoire, légende, mythe

fabriquer confectionner, créer, faire, produire

fabuleux merveilleux, remarquable, splendide, superbe

fâché énervé, enragé, furieux

facile ordinaire, simple

fade déteint, plat

faible 1. délicat, fragile FORT, COSTAUD
2. morne, pale, triste BRILLANT

faillir échouer REUSSIR

faim appétit, désir, envie

fait achevé, accompli, conclu, fini INACHEVE, PAS FAIT

fameux célèbre, connu, populaire, renommé INCONNU

familier commun, connu, normal, populaire, régulier BIZARRE

famille clan, groupe, relations, tribu

famine faim ABONDANCE

fana admirateur, fanatique

fanfare clique, orchestre

fanfaronner se vanter

fable

famille

fantaisiste capricieux SIMPLE

fantastique formidable, exceptionnel, extraordinaire, splendide, incroyable ORDINAIRE

fantôme apparition, esprit, fantasme, revenant, spectre

fardeau chargement, poids

farouche 1. effrayant, féroce, menaçant, sinistre 2. gêné, hésitant, intimidé, timide IMPUDENT

fascinant captivant, intéressant ENNUYEUX

fastueux magnifique, merveilleux, ravissant, splendide

faucher couper, tailler, tondre

faute défaut, erreur

faux 1. contrefait, imitation 2. incorrect, mauvais VRAI

faveur bienfait, bonté, gentillesse, service

favori aimé, choisi, préféré

fée esprit, génie

feindre prétendre, se déguiser

féliciter louer, faire des compliments INSULTER

femelle femme MALE

ferme dur, immobile, solide, stable MOU, SOUPLE

fermer 1. boucher, clore, enfermer, murer OUVRIR 2. compléter, conclure, finir, terminer COMMENCER

féroce brutal, cruel, dur, impitoyable, méchant INOFFENSIF

fertile

fertile abondant, fécond, prolifique, riche

feu flamme, ignition, incendie

fiable digne de confiance, sûr

ficeler attacher, ligoter, noucr

fier content, satisfait HONTEUX

flévreux agité, occupé, excité CALME

feu

figure 1. forme, taille, visage 2. calcul, chiffre

file 1. outil, lime 2. collection, liste 3. queue, rangée

filet nasse, piège

fille demoiselle, fillette

fillette fille, gosse, enfant, môme

filtrer clarifier, épurer, séparer

fin conclusion, dernier COMMENCEMENT

finale conclusion, fin

file

fissure

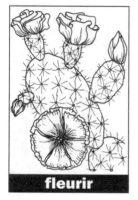

fleurir

fondre

finir achever, arrêter, compléter, conclure, terminer DEBUTER

fissure cassure, fêlure, lésion

fixer regarder

flâner baguenauder, errer, muser, se promener, traîner, vagabonder SE DEPECHER

flatter complimenter, faire des louanges

fléchir baisser, s'affaisser, s'écrouler, tomber

fleur plante

fleurir éclore, s'épanouir

flexible pliable, souple INFLEXIBLE

flou brumeux, estompé, vaporeux

flouer duper, tricher, tromper, voler

fluide liquide

foi 1. confiance, croyance, conviction 2. culte, dogme, religion

fondre dissoudre

forme modèle, moulage, moule

fort costaud, puissant FAIBLE

fosse tombe, trou

fou 1. dément, halluciné 2. idiot, insensé, sot SENSE

fouetter flageller, frapper

fougue ardeur, courage, entrain, esprit, impétuosité

fouiller fureter, chercher

foule cohue, horde

fournir équiper, procurer

fourrure peau

fracas bruit, embarras

fraction partie, morceau, segment

fragile délicat, doux GROSSIER

frais frisquet CHAUD

frapper cogner, heurter, taper

frayeur alarme, angoisse, crainte, peur, terreur, épouvante FLEGME

freiner arrêter ACCELERER

frêle faible FORT

frémir secouer, trembler, vibrer

frénétique hystérique, forcené, fou

frétiller agiter, remuer

friand appétissant, délicat, gourmand, bon goût

froid 1. gelé, transi 2. détaché, indifférent

fougue

frapper

froid

frotter

fuir

froncer être renfrogné SOURIRE

frotter 1. caresser, câliner, frôler 2. astiquer, poncer

fructueux chanceux, heureux, prospère
INFRUCTUEUX

frugal économe

fuir disparaître, partir

fulminer crier, hurler, vociférer

fureteur curieux, indiscret

fuser combiner, joindre, souder SEPARER

gâcher abîmer, gâter, endommager

gageure défi, pari

gagner acquérir, mériter

galant amoureux, brave, courageux, intrépide, tendre

gamin enfant, gosse, garçon, garçonnet, môme

garantir assurer, promettre

garçon fils, garçonnet

garder protéger, surveiller

gaspiller gâcher, gâter, jeter, ruiner GARDER

gaspiller (son temps) battre le pavé

gâter gâcher, détruire, gaspiller CONSERVER, PROTEGER

gauche disgracieux, emprunté, maladroit ADROIT, AGILE, HABILE

géant colossal, énorme, gigantesque, immense, vaste MINUSCULE

gelé frigorifié, glacé

gelée gelure, givre, verglas

gêné confus, intimidé

général commandant, officier

généreux bon, charitable, donnant, secourable

garçon

garder

57

glacier

glisser

gonfler

gifler frapper, souffleter, rosser

gigantesque énorme, immense, vaste
MINUSCULE

glace givre

glacier banquise, iceberg

glisser couler, déraper, dévaler, planer, tomber

glorieux grand, divin, magnifique, majestueux, splendide HONTEUX

glousser rire

gober avaler, manger vite

gonfler dilater, emplir, souffler

gosse enfant, môme

goûter essayer, savourer

gouverner commander, contrôler, diriger, régulariser

gracieux agréable, amical, cordial, courtois, poli IMPOLI, DESAGREABLE

graisse gras, huile

grand 1. élevé, énorme, immense PETIT
2. important, considérable

grandiose formidable, magnifique, merveilleux, sublime LAID

gratuit exempt

grave sérieux, solennel, sombre, triste
HEUREUX

grelotter frissonner, trembler

gribouillis écriture, griffonnage

grimace ricanement, rire

grincheux désagréable, grognon, irrité

grogner gronder, maugréer, rouspéter

gros

gros arrondi, corpulent, gras, lourd, potelé
MINCE, FAIBLE

grossier 1. brut, rugueux 2. impoli, vulgaire
POLI, RAFFINE

grotesque bizarre, déformé, rare

groupe rassemblement

groupe

guère à peine, difficilement

guérir soigner, s'occuper de

guerre bataille, combat, conflit, lutte

guide escorte

guider aviser, conduire, contrôler, diriger, mener

gymnastique

gymnastique acrobatie, athlétisme, entraînement, exercices

habile adroit, agile, capable, ingénieux, malin MALADROIT

haine animosité, aversion, hostilité, malveillance, répulsion AFFECTION

hallucinant effrayant, épouvantable

halte arrêt

handicap désavantage

harceler ennuyer, tourmenter

hardi 1. brave, courageux, héroïque LACHE, PEUREUX 2. arrogant, défiant

hasardeux dangereux, périlleux, risqué SUR

hâte précipitation, vitesse, urgence CALME

hâter (se) se dépêcher, se précipiter, aller vite ATERMOYER, RETARDER

habile

hâtif 1. rapide 2. brillant, vif

haut élevé, grand

hébété engourdi, lourd, plat, stupide

herbage prairie, pré

heureux content, gai, joyeux TRISTE

hideux affreux, effrayant, horrible, laid BEAU

hilare amusant, comique, drôle, risible

hisser élever, hausser, lever, monter DESCENDRE

hisser

honteux confus, embarrassé, humilié, mortifié FIER

horaire barème, calendrier, emploi du temps, tarif

horrible effrayant, épouvantable, terrible

humble modeste, simple PRETENTIEUX, VOYANT

humeur disposition, tempérament

humide 1. lourd, orageux 2. moite, mouillé SEC

humilié gêné, honteux, mortifié

hurler crier

hutte cabane, baraque, gîte, guérite

hypnotiser fasciner, endormir, ensorceler

hystérique affolé, agité, délirant, nerveux

horrible

hypnotiser

identifier

immense

idée pensée

identifier indiquer, reconnaître

identité étiquette, nom

idiot arriéré, débile, imbécile, minus
INTELLIGENT, BRILLANT

ignorant incompétent, nul

ignorer dépasser, éviter

illégitime illégal, illicite LEGITIME

illustrer dessiner, embellir, orner

imaginer 1. concevoir, penser, supposer
2. fabriquer, fantasmer, rêver

imbécile abruti, bête, idiot, ignorant, sot,
stupide BRILLANT, INSTRUIT

imbibé humide, moite, trempé SEC

imiter copier, répéter

immatriculer enregistrer, s'inscrire, signer

immédiat hâtif, prompt, rapide

immédiatement aussitôt, maintenant, tout de
suite PLUS TARD

immense colossal, énorme, gigantesque, vaste
PETIT

impatient agité, emporté PATIENT

impitoyable austère, ferme, rigide, sévère, strict

implacable cruel, diabolique, impitoyable

implorer conjurer, supplier, persuader

impoli discourtois, goujat, insolent, rustre POLI

impopulaire évité, méprisé POPULAIRE

important crucial, essentiel, nécessaire, urgent INSIGNIFIANT

importuner déranger, harasser, harceler, se mêler de

impossible absurde, illusoire, impensable POSSIBLE

imprévisible inattendu, subit

imprimer 1. écrire, graver, timbrer 2. publier

imprudent étourdi, irréfléchi, négligent CONSCIENTIEUX

inamical distant, froid AMICAL, SYMPATHIQUE

inattendu imprévisible, soudain

incandescent ardent, brillant, étincelant SOMBRE

incapable ignorant, incompétent, nul CAPABLE

incendie flamme, feu

implorer

impoli

imprévisible

inciter

incliner

inconsidéré

inchangé constant, stable CHANGE

incident aventure, évènement, occurrence

incinérateur brûleur, chaudière

inciter encourager, exhorter, presser
DECOURAGER

inclinaison oblique, pente

incliner abaisser, fléchir

inclure contenir, couvrir, renfermer EXCLURE

incomplet inachevé, partiel COMPLET

inconfortable gênant, mal à l'aise
CONFORTABLE, A L'AISE

inconnu différent, étrange, nouveau FAMILIER

inconscient inerte CONSCIENT

inconsidéré étourdi, irréfléchi, malavisé, sans
égards ou délicatesse GENTIL

inconstitutionnel illégal, illégitime LEGAL

inconvénient désavantage, perte

incorrect faux, inadéquat, mauvais CORRECT

incroyable 1. absurde, inouï CROYABLE
2. douteux, soupçonneux VRAI

indépendant 1. libre 2. neutre

indéterminé incertain, vague CERTAIN

indiquer annoncer, citer, signaler DISSIMULER

indiscret curieux, intéressé DISCRET

indistinct confus, flou, obscur, vague CLAIR

indolent endormi, lourd, passif, stupide
ACTIF, ENERGIQUE

indiscret

infaillible certain, garanti, incontestable, sûr

infecter contaminer, empoisonner, polluer

infidèle déloyal FIDELE

infini constant, sans arrêt

inflexible intransigeant, raide, rigide FLEXIBLE,
SOUPLE

influencer affecter, influer, persuader

information data, fait, nouvelle, renseignement,
savoir

indolent

informer apprendre à, éclairer, enseigner,
instruire, renseigner CONFONDRE

infructueux malchanceux

ingrat impoli

ingrédient assaisonnement, élément, épice,
matière

inhabituel rare, nouveau

ingrédient

injurier blesser, insulter, offenser FLATTER

inondation

insignifiant

inspecter

injuste injustifié, partiel JUSTE

innocent excusé, inoffensif, irresponsable
COUPABLE

inoccupé disponible, libre, vide OCCUPE

inoffensif bon, calme, innocent NUISIBLE

inondation déluge

inonder noyer, submerger

inquiet appréhensif, nerveux, soucieux

insatisfaisant inférieur, mauvais, médiocre
SATISFAISANT

insensé 1. aliéné, dérangé, fou, schizophrène
2. absurde, sot, stupide SENSE

insigne badge, décoration, emblème, symbole

insignifiant anodin, futile, mineur, trivial
CRUCIAL, IMPORTANT

insister appuyer, demander, vouloir

insouciant étourdi, indifférent, négligent,
nonchalant SOUCIEUX

inspecter approfondir, chercher, étudier,
examiner, explorer, observer, réviser

inspirer encourager, influer, influencer, soutenir

instantanément à présent, immédiatement,
maintenant PLUS TARD

institution établissement, organisation

instruire apprendre à, aviser, animer, éduquer, enseigner à, informer

instrument appareil, gadget, outil, ustensile

insuffisant défectueux, incomplet, manquant SUFFISANT

instrument

insulter injurier, invectiver, offenser FLATTER, LOUER

intelligent alerte, brillant, sage, vif IGNORANT

intéressant absorbant, captivant, distrayant, divertissant, fascinant ENNUYEUX

intéressé enthousiaste INDIFFERENT

intérêt inquiétude, soin, souci INDIFFERENCE

intermission arrêt, entracte, intervalle, pause, relâche, interruption

insuffisant

interpréter clarifier, expliquer

interrogation épreuve, examen, test

interroger enquêter, demander, rechercher, s'adresser à

interrompre se fourrer, s'imposer, s'ingérer, se mêler de

intervenir entraver, intercéder, s'ingérer, se mêler de

intéressé

intrépide

inutile

irriter

interview conversation, enquête, entretien, entrevue

intrépide audacieux, brave, courageux, hardi LACHE

intrigue point, question, sujet, thème

inutile futile, négligeable, superflu UTILE

invalide faible, handicapé, infirme, malade, mutilé SAIN

inventer créer, découvrir, développer, imaginer, produire

inviter appeler, convier, demander, faire venir

irritable agacé, énervé, ennuyé, fâché CONTENT, CALME

irriter 1. agacer, énerver, ennuyer, exaspérer 2. brûler, démanger, enflammer

issue 1. émission, résultat, sortie 2. question, point, sujet

itinéraire parcours

ivre aviné, soûl SOBRE

jaillir asperger, gicler

jaloux envieux, ombrageux

jardin clos, potager, plantation, verger

jetée dock, port

jeter écarter, éliminer GARDER

jeune jeunesse, juvénile

joindre associer, lier, mettre en communication, relier, unir

joueur amusant, espiègle, vif SERIEUX

jouir aimer, apprécier, plaire, s'amuser DETESTER

journal agenda, presse, quotidien

jovial joyeux, plaisant, réjoui, rieur

joyau bijou, pierre précieuse

joyeux content, gai, heureux, jovial, jubilant
MOROSE

jubilant content, gaillard, joyeux

juge arbitre, magistrat, médiateur

jurer 1. garantir, promettre, vouer 2. injurier, insulter

juste convenable, correct, équitable, honnête, moral INJUSTE

juvénile enfantin, jeune VIEUX

journal

juge

kidnapper enlever quelqu'un, ravir

kiosque guérite

labeur   peine, travail

labourer   cultiver, exploiter, travailler la terre

lâche   couard, veule, mou

laid   gris, ordinaire, sans vie

laine   bobine, fil

laisse   attache, chaîne, corde

laisser   abandonner, aller, arrêter, partir
DEBUTER

lambeaux (en) 1. chiffons, haillons
2. décousu, loqueteux, négligé

lame   couteau, épée, poignard

lamentation   gémissement, plainte

lamenter (se)   gémir, pleurer

lancer   1. jeter, projeter   ATTRAPER
2. commencer, établir, introduire

laps   période de temps

large   considérable, grand, énorme, vaste
ETROIT, PETIT

laver (se)   se nettoyer

lavette   balai, éponge

leçon   exercice, devoir

lecture   conférence, leçon

labourer

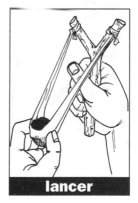

lancer

léger

lever

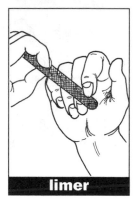

limer

légal autorisé, légitime, permis ILLEGAL

légende conte, fable, histoire, mythe

léger délicat, fragile LOURD

leste agile, alerte, vif LAS

lettre message, missive, note, texte

lever soulever

lever (se) se mettre debout

libérer décharger, émanciper RETENIR, RESTREINDRE

liberté émancipation, indépendance, privilège

licence approbation, autorisation, permis, permission

lier joindre, unir SEPARER

lieu endroit, région, site

ligue groupe, société, union

limer poncer

limite borne, fin, restriction

liquide fluide SOLIDE

lisse doux, poncé, uni RUGUEUX

liste annuaire, énumération, tableau

litière détritus, désordre, fouillis, ordure

locataire occupant, résident

logique raisonnable, sensé ILLOGIQUE

logis abri, chez soi, foyer, gîte, habitation, logement, maison

loi principe, règle

loin au delà, là-bas PRES DE, ICI

loquet cadenas, fermeture

loterie loto, tombola

louange compliment, flatterie

louche 1. bizarre, drôle, étrange, suspect 2. cuiller, cuillère

louer 1. employer, engager 2. complimenter

loyal fidèle, dévoué INFIDELE

lugubre gris, morne, sombre, terne, triste BRILLANT

luire briller, étinceler, éblouir, illuminer, scintiller

lumière clarté, jour, lueur OBSCURITE, TENEBRE

lutte bataille, conflit, dispute

luxueux élégant, extravagant, magnifique, splendide, somptueux

loyal

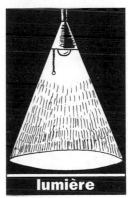

lumière

lutte

maigre

maison

magasin 1. entrepôt, réserve, stock
2. boutique, commerce

magazine journal, revue

magique enchantement, envoûtement,
sorcellerie, surnaturel NATUREL

magnétique fascinant, hypnotisant,

magnifier amplifier, augmenter, élargir,
exagérer, grossir

magnifique beau, impressionnant,
merveilleux, superbe AFFREUX

maigre efflanqué, frêle, mince GROS

maint beaucoup de, plusieurs PEU DE

maison demeure, habitation, gîte, logement

maître 1. chef, commandant, directeur, patron
2. enseignant, professeur

mal méchant, malfaisant, mauvais, nocif

malade souffrant, indisposé SAIN

maladie mal

malentendu désaccord, différence, difficulté,
méprise

malheur difficulté, infortune, malchance,
tristesse BONHEUR

malheureux malchanceux, mélancolique, triste HEUREUX

malhonnête frauduleux, immoral, tricheur HONNETE

malin dégourdi, habile, vif ENGOURDI

malodorant mauvaise odeur, nauséabond, puant

malpropre crasseux, sale PROPRE

malsain insalubre, pernicieux SAIN

manier manipuler, toucher

manière coutume, façon, genre, méthode, politesse, savoir-vivre, style

manquant absent, disparu, éloigné, parti, perdu PRESENT

manquer avoir besoin, faire défaut, rater, vouloir

manuel annuaire, brochure, livre

manufacturer assembler, bâtir, créer, fabriquer, produire

mappemonde carte géographique

marathon compétition, course

marchand commerçant, négociant, vendeur

marchandise fourniture, produit

malodorant

mappemonde

marchand

masque

mécanicien

mécanisme

marché boutique, débit, halle, magasin

marche promenade, randonnée, virée

marge bord, bordure

marionnette poupée

marque sorte, type

marteler cogner, frapper

masque camouflage, déguisement

masquer cacher, dissimuler REVELER

match compétition, jeu, lutte

matériel équipement

maudire blasphémer, jurer LOUER

maussade déprimé, renfrogné, triste

mauvais méchant, faux, gâté BON, GENTIL

maximum le plus

mécanicien garagiste, machiniste, ouvrier, réparateur

mécanisme appareil, machine, outil

méchant abject, désagréable, irritable, vil

médaille distinction, honneur, prix, récompense

médecin docteur

médecine cure, médicament, remède

médiocre commun, ordinaire

mélancolique abattu, affligé, déprimé, malheureux HEUREUX

mélanger combiner, joindre, mêler SEPARER

mélodie chanson, chant

médecine

même égal à, identique, pareil, semblable DIFFERENT

menacer avertir, harasser, intimider

mendier demander à, implorer, prier

mener commander, conduire, diriger, guider

mentir dissimuler, exagérer, imaginer, tricher, tromper

mélanger

méprise bévue, erreur, faute, mégarde

mépriser dédaigner, détester, haïr AIMER, ADMIRER

mériter gagner

merveilleux beau, formidable, glorieux, grand, sensationnel, superbe ORDINAIRE

message câble, communication, dépêche, rapport

mesureur compteur

mépriser

millionnaire

mime

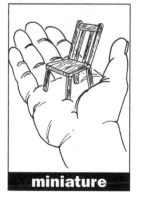

miniature

méthode façon, manière, procédé, style, système

métier place, poste, profession, travail

mettre insérer, placer, poser

meurtre assassinat, exécution, massacre, tuerie

microscopique minuscule, petit IMMENSE

mignon adorable, agréable, amusant, attrayant, joli LAID

milieu centre, cœur

militaire armée, forces armées, soldats, troupe

millionnaire riche

mime copieur, imitateur, moqueur

mince maigre GROS

miniature minuscule, petit GEANT

minimum le moindre, petit MAXIMUM

ministre administrateur, pasteur

minute instant, moment

minutieux approfondi, complet INCOMPLET

miraculeux extraordinaire, incroyable, merveilleux, remarquable

misérable 1. malheureux, pitoyable, triste
HEUREUX 2. affreux, mesquin

missile projectile

mission besogne, devoir, fonction, tâche

mode création, façon, rage, style

modèle 1. croquis, dessin 2. patron, copie,
échantillon, exemplaire, reproduction

modèle

modeler créer, former, mouler

moderne actuel, contemporain, nouveau
DEMODE

modeste effacé, humble, réservé, simple
HARDI

moindre (le) minimum, le plus petit LE PLUS

moissonner récolter

moitié

moite humecté, humide, mouillé

moitié demi

molester agresser, importuner

moment instant, minute, période

monarque chef, roi, souverain

monde Terre, Univers

monnaie argent liquide, pièces

monnaie

morceau

morose

mouler

monotone ennuyeux, fade, plat, triste INTERESSANT

monstre démon, ogre

monstrueux bizarre, déformé, démesuré, hideux, laid

montagne colline, hauteur, pic

monter s'embarquer DESCENDRE

morceau 1. partie de, portion, segment, section 2. rondelle, tartine, tranche

morne froid, lugubre, triste GAI, JOYEUX

morose bourru, grognon, taciturne

mort décédé, disparu, inerte, trépassé VIVANT

motif cause, explication, justification, raison

mou délicat, doux, souple DUR

moudre broyer, écraser, pulvériser POLIR

mouillé humide, moite

mouler couler, créer, former

mourir disparaître, expirer, périr VIVRE

mouvement action, activité, geste

moyen commun, ordinaire, normal, usuel RARE, EXCEPTIONNEL

muet silencieux

mugir crier, hurler

mûr adulte, développé PAS MUR

musculaire athlétique, costaud, fort FAIBLE

mutinerie soulèvement, rébellion, révolte

mystère inconnu, problème, puzzle

mystérieux anormal, bizarre, étrange, rare
NORMAL

mystère

naissance commencement, origine, source FIN, MORT

narcotique drogue, stupéfiant

narrateur conteur

narration conte, histoire

nation état, pays

naturel authentique, normal, réel ARTIFICIEL

naturellement assurément, certainement

navire bateau, paquebot, voilier

nécessaire crucial, essentiel, important

négligé abandonné, ignoré

négligent étourdi, oublieux

négoce commerce

naissance

nerveux agité, anxieux, tendu CALME

net bien tenu, ordonné, propre DESORDONNE

niais bête, naïf, stupide

niveau 1. classe, grade, ordre, position
2. horizontal, uni

nombreux beaucoup de, plusieurs PEU DE

nommer choisir, désigner, sélectionner

normal habituel, ordinaire, régulier

COIFFEUR

négoce

note marque, message, mot

nouer attacher DENOUER

nourrir alimenter, donner, procurer

nouveau à la page, en vogue, récent DEMODE

noyer couler, submerger

nuageux couvert, gris CLAIR

nuire causer du tort, faire mal PROTEGER

nuisible offensif, méchant, nocif GENTIL

numéro 1. compte, quantité 2. chiffre, symbole

nourrir

nuageux

objet

obstacle

obéir obtempérer, convenir

objecter contredire, discuter, réfuter, résister ACCEPTER

objet 1. article, chose, relique 2. but, fin

obligatoire urgent

obligeant bienveillant, bon MECHANT

observer étudier, examiner

obstacle barrière, bouchon, obstruction

obstiné acharné, entêté, têtu, tenace SOUPLE

obstruction barrière, bouchon

obtenir avoir, acquérir, gagner, recevoir

occupation emploi, job, position, poste travail

odeur arôme, parfum, senteur

odieux déplaisant, désagréable, offensif PLAISANT

offre don, cadeau

offrir donner, présenter, procurer, suppléer PRENDRE

ogre démon, monstre

oisif 1. désœuvré, au chômage 2. indolent, paresseux

omettre laisser, exclure INCLURE

omission erreur, mégarde, oubli

opérer gérer, gouverner, ménager

opinion croyance, idée, pensée, sentiment

opportunité chance, occasion

opposer résister ETRE D'ACCORD

opposition adversaire, rival AMI

optimiste content PESSIMISTE

orageux humide, lourd (le temps)

oral parlé, verbal

orbite cercle

ordinaire habituel, normal EXTRAORDINAIRE

ordonner commander

ordre 1. manière, rang 2. commandement, instruction

ordure débris, déchets, détritus, litière, rébus PROPRETE

organiser arranger, classer DERANGER

orgueil amour-propre, fierté, estime

orifice abîme, cavité, ouverture, trou

original 1. authentique, inédit, réel, vrai COPIE 2. différent, unique

ornement décoration, enjolivement, garniture

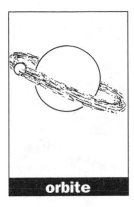

orbite

ordure

original

ouragan

osciller balancer, rouler, vaciller

ôter éliminer, enlever, retirer LAISSER

oublier ignorer, manquer, négliger, sauter

ouragan cyclone, tempête, tornade

ourlet bord, bordure

outil appareil, instrument, ustensile

ouvrir commencer, lancer, établir FERMER

pacte accord, traité

paire deux, couple

paisible calme, doux, serein, tranquille AGITE, BELLIQUEUX

palace château, palais

pâle blafard, blême, blanc, faible, obscurci, terne BRILLANT

palpitant captivant, passionnant ENNUYEUX

pamphlet brochure, livret, satire

pancarte affiche, écriteau

panique frayeur, épouvante, terreur

pantalon culotte

paquet colis, envoi

paraître arriver, approcher, entrer

parcelle bribe, morceau, partie, segment

parcourir arpenter, circuler, traverser

parcours itinéraire

pardonner absoudre, excuser, gracier ACCUSER, BLAMER

parfait excellent, exemplaire, idéal

parier gager, jouer, miser

parmi avec, au milieu de

palace

pancarte

partie

patron

pauvre

parsemé rare, limité

partage distribution

partenaire associé, collègue, coéquipier, compagnon RIVAL, COMPETITEUR

participer contribuer, joindre, prendre part

particulier exact, minutieux

partie 1. compétition, concours, jeu, match, rencontre 2. morceau, portion, segment

partir s'en aller RESTER

passage canal, chemin, couloir, voie

passer délivrer, transférer

pâte adhésif, colle, enduit

patience compréhension, tolérance IMPATIENCE

patriotique fidèle, loyal, nationaliste

patron chef, directeur, employeur, supérieur

patrouille garde, police, protecteur

pause détente, repos

pauvre démuni, humble, indigent, malheureux, pitoyable RICHE

payement prix, récompense

péage payement

péché crime, faute, offense

peindre 1. badigeonner, colorier 2. illustrer

peine crampe, douleur

peinture couleur

pendant bannière, drapeau, étendard

pénitencier geôle, prison

penser 1. assumer, croire, imaginer 2. considérer, contempler, réfléchir

pente inclinaison

pénurie besoin, lacune, manque ABONDANCE

percer pénétrer, perforer, piquer, planter, transpercer

perdre égarer TROUVER

perfectionner améliorer, avancer, embellir, réformer

péril danger, risque

périr expirer, mourir, succomber

permanent constant, durable, stable TEMPORAIRE

permettre allouer, consentir, laisser DEFENDRE

perruque postiche

personnel individuel, privé PUBLIC

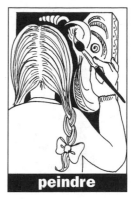
peindre

péril

perruque

pharmacienne

photographie

pic

perspective prévision, vue

persuader convaincre

pesant lourd, gros LEGER

pessimiste déprimé, malheureux, mécontent OPTIMISTE

pétiller briller, chatoyer, scintiller

petit faible, minuscule GRAND

pétrifié choqué, effrayé, horrifié, paralysé

peut-être possible

pharmacienne apothicaire (f.)

photographie cliché, image, portrait, repro-duction

pic cime, hauteur, pointe, sommet FOND, VALLEE

piédestal base

pierre caillou, galet, roche

pile collection, tas

pingre avare, chiche GENEREUX

pionnier découvreur, colon, créateur

piquer larder, percer

pistolet arme à feu, revolver

pitié commisération, compassion, sympathie

pivoter alterner, rouler, tourner

place espace

placer déposer, mettre

plage côte, littoral, rivage

plaisant aimable, agréable, charmant, joyeux
DEPLAISANT

plancher parquet, sol

plat aplati, égal, monotone

plein amplement, assez, beaucoup, chargé,
rempli INSUFFISANT

pleurer verser des larmes

pliant mou, flexible, souple

plier doubler, courber, plisser DEPLIER

plonger chuter, tomber

plusieurs beaucoup de, maint

podium estrade, scène

poésie rime, vers

pointu angulaire, aigu, perçant ARRONDI

police garde, gendarme, patrouille, protecteur

polir astiquer, faire briller, faire luire, frotter,
polir TERNIR

pollué contaminé, empoisonné, sale

pliant

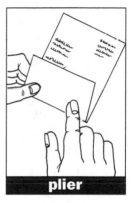

plier

plusieurs

porter

possession

poursuivre

poltron lâche, peureux BRAVE, COURAGEUX

ponctuel prompt, à l'heure EN RETARD, TARDIF

pont aqueduc, passerelle, saut-de-mouton, viaduc

populaire 1. commun 2. admiré, aimé, favori, sociable IMPOPULAIRE

port havre, refuge

portable mobile, transférable STATIONNAIRE

porte fermeture, ouverture, portail, portière

porter transporter

portion morceau, partie, segment

poser mettre, placer

positif affirmatif, certain, sûr INCERTAIN

position endroit, lieu, place, site

posséder avoir, acquérir

possession 1. biens, propriété, richesse 2. domaine, monopole

possible faisable, possible IMPOSSIBLE

potelé gros, joufflu MAIGRE

pouffer rire bas, se moquer

pourrir périr, se gâter

poursuivre chasser, talonner

pourtour bord, bordure, cadre

pourvoir distribuer, donner, fournir, suppléer

pousser 1. forcer, presser 2. enfoncer TIRER

pouvoir autorité, contrôle, influence

prairie herbage, pâturage, pré

pratiquement approximativement, presque

précepteur professeur

précieux 1. cher, dispendieux, valable
2. aimé, chéri

précipitation grêle, neige, pluie

précipiter jeter, lancer

précis certain, certifié, défini, sûr, exact
INCERTAIN

prédiction prévision, prophétie

prédire prévoir

préférer aimcr mieux, avoir envie de, choisir,
sélectionner DETESTER

préjugé injuste, préconçu

premier initial, nouveau

préparer apprêter, organiser

présent cadeau, don, offrande

préserver conserver, garder, maintenir JETER

pousser

prairie

préférer

presser

prêter

primitif

presque   environ, à peu près, pratiquement

presser   1. appuyer, pousser   2. écraser, encombrer, serrer   3. faire pression sur, forcer

prêt   préparé, résolu

prêter   donner, fournir, procurer   EMPRUNTER

preuve   fait, indice, signe

prévenant   1. attentif, soigneux, soucieux 2. diplomate, gentil, obligeant, plein de tact

prévenir   1. annoncer, avertir   2. arrêter, bloquer, empêcher   PERMETTRE

primitif   1. ancien, originel, préhistorique MODERNE   2. barbare, impoli, sauvage

principal   chef, important

principe   croyance, loi, règle

prison   cachot, cellule, geôle

privé   1. caché, intime, secret   2. floué

privilège   avantage, droit

prix   1. récompense, décision   2. coût, valeur

probe   honnête, loyal, sincère

procédé   marche à suivre

proche   bientôt, près de, à proximité de

produire créer, établir, fabriquer, faire, former, inventer, manufacturer

profession carrière, métier, travail

programme agenda, emploi du temps, plan

projet aventure, entreprise, plan

projeter prévoir, proposer

promenade marche, virée

promesse serment, vœu

prompt à l'heure, ponctuel

propagande distribution

propager distribuer, vendre

propre approprié, convenable, correct
MALPROPRE, SALE

propriété affaires, biens, domaine, possessions

prospère aisé, nanti, fortuné, riche PAUVRE

protéger défendre, garder

protester manifester, objecter, se plaindre

prouver documenter, démontrer, montrer

provision inventaire, marchandise, stock

provoquer irriter, fâcher

prudent attentionné, circonspect

propagande

propriété

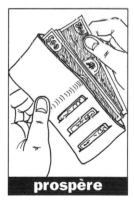

prospère

puissant

publier éditer, imprimer

puissance énergie, force FAIBLESSE

puissant fort, grand, important, vigoureux FAIBLE

punch énergie, vigoureux, vif

punir discipliner, gronder, réprimander

punition discipline, conséquence

purifier clarifier, filtrer, nettoyer SALIR, POLLUER

quai embarcadère, jetée

qualifié acceptable, approprié, capable, convenable, valable PAS QUALIFIE

qualité attribut, caractère, trait

quantité compte, nombre, somme

querelle argument, désaccord, dispute

questionner contester, demander, interroger

queue file, bout

quitter partir, s'en aller, s'éloigner ARRIVER

quai

raccommoder recoudre, réparer, repriser
DECHIRER

race nationalité, origine

radiographie rayon

raffiné recherché, soigné DEBRAILLE, NEGLIGE

rage colère, fureur, ire, violence TRANQUILLITE

raid descente, incursion, rafle

raison but, motif, objectif

raisonnable juste, sensible INJUSTE

ramasser accumuler, assembler, collectionner, recueillir

ramer faire du bateau

ramoner balayer, nettoyer

rangé ordonné, soigné

raffiné

rapetisser diminuer, réduire AUGMENTER

rapide en hâte, en vitesse, vite LENT

rapiécer repriser, réparer

rappeler (se) se souvenir

rapporter dire, raconter

rare exceptionnel, inhabituel, insolite, unique
COMMUN, FREQUENT

rarement peu souvent SOUVENT, FREQUEMMENT

ramer

raser (se) faire sa toilette

rassis désséché, frais

ratisser ramasser, rassembler

ravi heureux, joyeux, jubilant MALHEUREUX

ravissant adorable, beau, charmant, plaisant, séduisant LAID

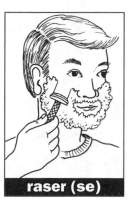

raser (se)

raviver ramener, renaître, ressusciter

rayon jet, lueur, rai

réaliser actualiser, comprendre

rebeller défier, objecter, résister

rebord bord, saillie

rebut déchet, ordure

récalcitrant entêté, obstiné, têtu

réaliser

récent nouveau PERIME

recette formule, instructions, ordonnance

recevoir avoir, gagner, obtenir

recherche chasse, exploration

rechercher chasser, enquêter, explorer

réciter relater, répéter

réclamer exiger, requérir

recommander aviser, diriger, suggérer

recette

recopier

regarder

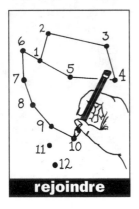

rejoindre

réconforter apaiser, adoucir, calmer, consoler

reconnaissant obligé INGRAT

reconnaître constater, discerner, savoir

recopier reproduire, transcrire

recouvrer 1. obtenir, reprendre 2. guérir, récupérer, se remettre

récréation pause, repos

réduire couper, diminuer AGRANDIR

réduit étroit, limité, restreint, serré VASTE

réel authentique, originel, vrai FAUX

réformer améliorer, changer, réviser

réfrigérer congeler, frigorifier, refroidir

régal impressionnant, noble, majestueux, somptueux

regard coup d'œil

regarder considérer, examiner, voir

région district, territoire, zone

régler contrôler, régulariser

régulier commun, habituel, ordinaire, typique

rejeter barrer, éliminer, exclure, refuser

rejoindre réunir, retrouver

réjouissance amusement, distraction, divertissement, plaisir

relâcher décharger, laisser, libérer

relâcher (se) se détendre, se reposer

relatif en rapport, relié

religieux dévot, croyant, pieux

remarquable exceptionnel, extraordinaire, impressionnant, mémorable INSIGNIFIANT

remarque commentaire, réflexion

rembourser rendre, restituer

remède cure, drogue, médicament

remettre donner, passer PRENDRE

remorquer haler, pousser, tirer, traîner

rempli bourré, chargé

remuer agiter

rencontrer 1. croiser, tomber sur 2. s'assembler, se voir, s'unir

renoncer abandonner, démissionner, quitter

rénover réparer, restaurer

renverser détruire, triompher de

répandre disperser, éparpiller, étendre

réparer raccommoder, restaurer

remorquer

rencontrer

réparer

repasser

reposer (se)

repriser

repasser lisser

répéter énumérer, pratiquer, préparer, réciter

répliquer répondre, rétorquer

répondre réagir

réponse réplique, riposte QUESTION

reposer (se) dormir, se détendre, se relâcher

réprimander avertir, gronder, punir

repriser raccommoder, réparer

reproduire copier, doubler, répéter

requérir avoir besoin, manquer, vouloir

requête demande

rescousse mission, opération, sauvetage

réserver conserver, garder, retenir

résidence demeure, habitation, logis, maison

résider demeurer, habiter, s'installer, vivre

respecter admirer, apprécier, estimer, honorer

responsable consciencieux, fiable, sérieux

ressemblance similarité

restaurer améliorer, changer, réparer

reste excédent, surplus, vestige

restriction contrainte, limite

résultat conclusion, conséquence, effet, fin

retarder différer, obtempérer, remettre, reporter

réticent opposé, restreint

rétorquer répliquer, répondre

retourner 1. revenir 2. rendre

réunion rencontre, rendez-vous, groupement, rassemblement

réunion

rêve fantasme, imagination

réveiller tirer du sommeil

réveiller (se) ouvrir l'œil S'ENDORMIR

révéler dire, exposer montrer CACHER

revenu gages, rentes, salaire

révérer adorer, idéaliser, louer

réveiller (se)

rêverie imagination, songe

réviser apprendre, étudier, revoir

révolte rébellion, soulèvement

révolution 1. rébellion, révolte, soulèvement 2. cercle, orbite

riche affluent, aisé, confortable, prospère PAUVRE

ridicule absurde, bête, sot, stupide RAISONNABLE

rêverie

risquer

rivière

robe

ridiculiser abuser, bafouer

rigide 1. dur, ferme 2. inflexible, opiniâtre, rigoureux, sévère, strict SOUPLE

rire être amusé, plaisanter PLEURER

risquer hasarder

rival adversaire, ennemi AMI

rive côte, littoral, rivage

rivière cours d'eau, fleuve

robe tenue, toilette, vêtement

robinet cannelle, fausset

robuste costaud, fort, musculaire, puissant, stable, vigoureux FAIBLE

rocailleux accidenté, raboteux, rugueux UNI

roi chef, monarque, souverain

rôle personnage

rompre briser, casser, fracasser

rondelet corpulent, fort, gras, gros MINCE

rouler balancer, osciller, vaciller

route avenue, boulevard, rue, trajet

routine coutume, habitude, méthode, pratique, usage EXCEPTION

royal majestueux, noble, régal

rue avenue, autoroute, chemin, route

ruée panique

ruine vestige

ruiner abîmer, démolir, détruire, gâcher, gâter

ruisseau courant, torrent

rumeur bavardage, commérage, bruit

rupture craquement, fissure

rustre farouche, grossier, impoli, sauvage
POLI, RAFFINE

rythme allure, cadence, tempo, vitesse

ruine

ruiner

sac

salir (se)

sac sacoche, cartable, panier

sacré saint, religieux, spirituel, vénérable PROFANE

sage cultivé, éduqué, intelligent, raisonnable

saisir attraper, capturer, prendre LAISSER, LIBERER, SAUVER

salaire gages, payement, récompense, rétribution

sale 1. encrassé, noirci 2. malpropre, négligé, crasseux PROPRE

salir (se) se maculer, se souiller SE NETTOYER

sang-froid audace, courage

sangloter pleurer, se lamenter

sanitaire hygiénique, propre, stérile SALE

sans moins AVEC

sarcastique âpre, aigu, caustique, railleur

satisfait content, heureux MECONTENT

saturer mouiller, tremper

sauter 1. éclater, exploser 2. bondir, culbuter, gambader 3. franchir d'un bond, s'élancer 4. omettre, passer

sauvage cruel, féroce, enragé, méchant, violent GENTIL

sauver 1. défendre, garder, protéger   2. libérer

savon détergent, lessive

scène endroit, lieu, site, vue

score compte, points, total

sculpter ciseler, façonner, graver

sculpture moulage, statue

seau récipient, réservoir

sec asséché, aride, stérile MOUILLE

secouer agiter, remuer

secourir aider, défendre, sauver

secret caché, privé, mystérieux

section portion, segment

sécurité garde, protection, sûreté

segment part, portion, section

sélectionner choisir, élire, opter, préférer

semblable similaire

sembler paraître

sensationnel bon, extraordinaire, fantastique, formidable COMMUN

sensé intelligent, logique, raisonnable, sage
SOT

sauver

sculpture

sec

séparation

sermon

siège

senteur arôme, odeur, parfum

sentir éprouver, tâter, toucher

séparation division, isolement

séparer diviser, détacher, isoler JOINDRE, UNIR

séquelle continuation, suite

sérieux grave, sombre, solennel GAI, INSOUCIANT

serment promesse, vœu, garantie

sermon conférence, discours, remontrance

serpent couleuvre, vipère

serré étroit LACHE

serrer presser

servante bonne, domestique

seul isolé, solitaire

sévère austère, brusque, cruel, dur, exigeant, insensible DOUX, TOLERANT

shampoing lavage, savonnage

sidérer étonner, stupéfier, surprendre

siège banc, chaise, fauteuil, tabouret

sieste repos, somme

signaler 1. agiter, onduler 2. indiquer

signe 1. évidence, idée, indice 2. geste, indication, mouvement

signer approuver

silencieux calme, tranquille BRUYANT

simple ordinaire ATTRAYANT

simple 1. clair, facile 2. ordinaire, sans façons COMPLIQUE

simplement à peine, seulement

sincère authentique, honnête, probe FAUX

singulier bizarre, étrange, inhabituel, unique ORDINAIRE

sobre modeste, tranquille, silencieux CRIARD

sociable amical, cordial, sympathique FAROUCHE, RESERVE

soigner corriger, guérir, réparer

soin attention, précaution, souci

soir coucher du soleil, crépuscule, nuit tombante, soirée MATIN

soirée 1. gala, fête MATINEE 2. coucher du soleil, crépuscule, nuit tombante

sol boue, terre

solide dur, ferme, fort, rigide FRAGILE

signer

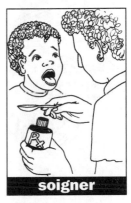

soigner

soir

sombre

sommeil

souffrance

solution explication, réponse, résultat

sombre foncé, lugubre, noir, obscur, ténébreux, triste CLAIR

sommaire récapitulation, relevé, résumé

somme 1. compte, total 2. repos, sieste

sommeil somme, être fatigué

son bruit

sondage enquête, questionnaire

sorte type, variété

sortie excursion, tournée, voyage

sortir laisser, quitter, partir, s'en aller REVENIR

sot crétin, idiot, imbécile, inepte, niais BRILLANT

sottise absurdité, bêtise, enfantillage, stupidité

soudain tout à coup

souffleter frapper, gifler

souffrance malchance, misère, tristesse

souffrant malade, malsain SAIN

souffrir avoir de la peine, avoir mal

souhaitable approprié, convenable, correct

souiller maculer, salir, tacher

soulagement aide, appui, assistance, secours

soulager aider, assister, secourir

soulever élever, hausser, hisser DESCENDRE

soumis humble, modeste, paisible, timide

soumission contrainte, docilité REBELLION

soupçon allusion, doute, insinuation, question CONFIANCE

soupçonner douter, présumer, se méfier de

sourire plaire

sournois cachotier, dissimulé, rusé

sous dessous SUR, DESSUS

soustraire déduire, retirer, substituer

soutenir aider, appuyer, encourager, maintenir

soutien courroie, écharpe, élingue

souvenir cadeau

souvenir (se) commémorer, se rappeler OUBLIER

souvent fréquemment, régulièrement RAREMENT

spacieux ample, étendue, grand, vaste ETROIT

spécial extraordinaire, exceptionnel, particulier, remarquable, unique ORDINAIRE

soulever

soumission

souvenir

spectacle présentation, production, représentation, séance, théâtre

spectaculaire captivant, fascinant, magnifique, merveilleux ENNUYEUX

sphère globe, Terre, Univers

splendide bon, excellent, formidable, incroyable, meilleur

sponsor commanditaire, mécène, parrain

sport activité physique

sports entraînement, exercices

stable constant, continuel CHANGEANT

station arrêt, dépôt, gare

stationnaire ferme, immobile MOBILE

statue sculpture

stérile désert, vide PLEIN, FERTILE

stériliser désinfecter, nettoyer, purifier

stock inventaire, provisions, réserves

stupéfier abasourdir, choquer, étonner, surprendre

substituer échanger, remplacer, troquer

sucré onctueux

suffisant adéquat, assez, plein de INSUFFISANT

suffoquer asphyxier, étouffer

suggestion offre, proposition

suinter couler, ruisseler

suivre escorter, poursuivre, talonner

sujet thème

supérieur excellent, formidable, merveilleux, sensationnel, splendide

supposer considérer, imaginer, penser

sûreté sécurité

surmonter conquérir, maîtriser, vaincre

surnaturel magique, mystique

surplus additionnel, excédent, extra MANQUE

sursauter être alarmé, choquer, effrayer, étonner

surveiller contrôler, diriger, garder, gouverner

survivre durer, rester, vivre

suspense anxiété, incertitude

suspension 1. interdiction, révocation
2. intermission, interruption

symbole emblème, insigne

sympathie compassion, compréhension, pitié

symptôme indication, indice, signe

système façon, méthode, procédé

suivre

surveiller

survivre

tabouret chaise, siège

tache barbouillage, bavure, saleté, souillure

tâche besogne, corvée, devoir, emploi, obligation, travail

taillader couper, entailler, lacérer

talent habileté, capacité

tamis crible, filtre

taper cogner, frapper, heurter, marteler

tapis carpette, moquette, paillasson

tapoter cogner, frapper, taper

taquiner plaisanter

tas accumulation, amas

taverne auberge, bar, bistrot, café

taxe impôt, tarif

taxi auto, voiture

teindre colorer, teinter DECOLORER

téléviser transmettre

tempête bourrasque, cyclone, grand vent, orage, ouragan, tornade, tourmente

tempo cadence, rythme

temporairement momentanément

tâche

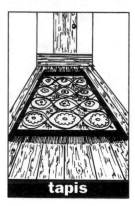

tapis

114

tendresse affection, amour HAINE

tendu anxieux, nerveux DETENDU

tenir saisir, serrer, prendre

tenir (se) garder

terme but, objectif

terme mandat, période

terre 1. sol 2. globe, planète

terrible affreux, atroce, détestable, effrayant, effroyable, horrible, vilain MERVEILLEUX

terrifier effrayer, épouvanter, faire peur

territoire district, région, zone

test épreuve, examen

têtu entêté, obstiné SOUPLE

théâtre salle de spectacle

timbre 1. sceau, tampon 2. son, ton

timide gauche, gêné, intimidé, modeste, réservé AUDACIEUX, HARDI

tirer 1. haler, remorquer, traîner POUSSER
2. braquer

titre 1. entête, sous-titre 2. nom, rang

tolérer endurer

tomber faire une chute, s'écrouler, trébucher

tenir (se)

terrifier

timide

tordre

toucher

toxique

ton son

tondre couper, écourter, tailler

torche lanterne

tordre déformer, embrouiller, emmêler, enchevêtrer

torture agonie, douleur, peine, tourment

total complet, entier

toucher palper

toujours pour de bon JAMAIS

tournée excursion, voyage

tourner pivoter, tournoyer, virevolter

tournoyer pivoter, virevolter, tourner

toxique dangereux, nocif, nuisible

tracer dessiner

tradition coutume, usage

traduire interpréter

tragique affreux, triste COMIQUE

traité accord, pacte

traiter négocier

traître espion

trancher couper, tailler

transférer　délivrer, échanger, passer, remettre, substituer

transmettre　dépêcher, envoyer

transpirer　suer

transporter　emmener, emporter, expédier, transmettre

trappe　piège

trébucher　chanceler, tomber, vaciller

trembler　frémir, frissonner, secouer, vibrer

tremper　humecter, inonder, mouiller, saturer
SECHER

trépider　frissonner, trembler

trésor　fortune, richesse

trêve　armistice, cessez-le-feu, pause

tribu　clan, clique, peuple, troupe

tricherie　fourberie, tromperie

triompher　battre, surpasser, défaire, vaincre
PERDRE, ECHOUER

troc　échange

tromper　duper, décevoir

trophée　coupe, prix

trou　creux, ouverture, fosse, gouffre

transporter

trébucher

trésor

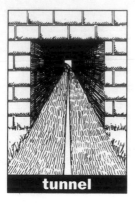

tunnel

troubler déranger, ennuyer, perturber

trouver découvrir, déterrer

tuer assassiner, exécuter, faire mourir

tumulte bruit, tintamarre, vacarme

tunnel souterrain

type 1. sorte, variété 2. homme, individu

tyran despote, dictateur

unanime   total, universel

uniforme   costume, tenue

urgence   cas imprévu, crise

urgent   essentiel, nécessaire, vital   ANODIN

usagé   déchiré, décousu, vieux

usine   manufacture, fabrique

usuel   commun, familier, habituel   INHABITUEL, RARE

utile   bon, commode, convenable, en état, valable   INUTILE, SUPERFLU

usagé

vendre

vent

vacances congé, fête, loisir

vagabond clochard, sans abris

vagabonder errer, flâner, s'aventurer, traîner

valable cher, coûteux, précieux

valeur coût

valide adéquat, bon, convenable, correct
INVALIDE

vandalisme destruction, ruine

vaniteux infatué, suffisant, sûr de soi
MODESTE

vapeur brouillard, buée

vaporeux brumeux, confus, flou, nuageux CLAIR

varié assorti, nombreux, plusieurs

varier altérer, changer

vaste gigantesque, immense

vaurien bandit, malfaiteur, scélérat, truand,
vilain, voyou

végétation arbre, fleur, plantes, verdure

veiller défendre, garder, protéger

vendre distribuer, troquer ACHETER

venimeux mortel, toxique

vent bourrasque, brise

verdict jugement, résultat

verre gobelet, flûte

vers poésie, rime

version description, histoire, interprétation

vestibule couloir, entrée, passage couvert

vêtement costume, habit

veto dénier, refuser APPROUVER

vexé chagriné, enragé, fâché, furieux, irrité

vibrer frémir, frissonner, secouer, trembler

vicieux brutal, cruel, féroce, implacable, sauvage

victime martyre, perdant, proie

victoire succès, triomphe DEFAIRE

vider extraire, retirer REMPLIR

vieux âgé, vieillard JEUNE

vigueur énergie, force, puissance

vilain désagréable, odieux, méchant

ville agglomération, cité

violence colère, furie, rage

violer désobéir, enfeindre, profaner

vipère couleuvre, serpent

verre

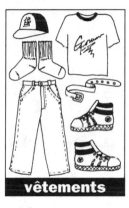

vêtements

ville

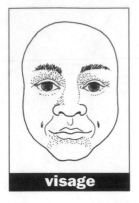

visage

voie

voiture

visage figure

visiteur convive, hôte, invité

vite rapidement LENTEMENT

vocaliser chanter

vociférer crier, hurler, invectiver, tonner

vœu promesse, souhait, serment

voie chemin, itinéraire, passage, parcours, piste, route, ruelle

voisinage district, quartier, région, rue, zone

voiture automobile, véhicule, wagon

voler 1. planer 2. dérober, prendre

voleur cambrioleur, malfaiteur

volontaire bénévole

vote scrutin, suffrage, voix

voter adopter, accepter, choisir

voyage croisière, excursion, randonnée, tournée, virée

voyou cambrioleur, escroc, malfaiteur

vrai authentique, pur, réel FAUX

vue 1. image, panorama, paysage, scène, vision 2. aspect, optique

yacht

yacht

yacht bateau, voilier

zébrure raie, rayure

zéro nul, rien

zone district, région, secteur, territoire

zoo ménagerie